GUÍAS MÉDICAS
SALUD *y* BIENESTAR

LA ENFERMEDAD DE PARKINSON

John M. S. Pearce

Ediciones
GRUPO ZETA

D1417517

Barcelona • Bogotá • Buenos Aires • Caracas • Madrid • México D. F.
Montevideo • Quito • Santiago de Chile

IMPORTANTE

El propósito de este libro no es sustituir los consejos médicos, sino complementarlos, y se dirige a los pacientes que deseen conocer mejor su afección.

Antes de seguir ningún tratamiento, **CONSULTE SIEMPRE A SU MÉDICO.**

Recuerde que la ciencia médica avanza con gran rapidez y que parte de la información de este libro relativa a los fármacos y los tratamientos puede quedar pronto obsoleta.

UN LIBRO DORLING KINDERSLEY
www.dk.com

Título original: *Family Doctor Guide to Parkinson's Disease*

Editor médico: Dr. Tony Smith

Traducción: Carlos Mayor
Revisión técnica: Daniel Ortiz Borràs
y Noemí Prat Sierra

Publicado originalmente en Gran Bretaña
en 1998 por Dorling Kindersley Limited,
9 Henrietta Street, Londres, WC2E 8PS

© 1998, Dorling Kindersley Limited, Londres
© 1998, Dr. John M. S. Pearce, para los textos
© 1999, Ediciones B, S. A.
Bailén, 84 - 08009 Barcelona (España)
www.edicionesb.es

Impreso en Hong Kong - Printed in Hong Kong
1.ª edición: julio, 1999
ISBN: 84-406-9015-7

Ésta es una coedición de Ediciones B, S. A.,
y Ediciones B Argentina, S. A.,
con Dorling Kindersley Ltd.

GUÍAS MÉDICAS
SALUD *y* BIENESTAR

LA ENFERMEDAD DE PARKINSON

Sumario

Introducción

Si usted o un familiar cercano padecen la enfermedad de Parkinson, este libro le interesa. Su objetivo es ayudarle a comprender sus síntomas y la discapacidad que provoca, y sugerirle lo que está en su mano hacer, así como lo que pueden hacer los médicos para tratar el trastorno.

Si bien aún queda mucho por aprender sobre la enfermedad de Parkinson, las siniestras perspectivas de hace 30 años han mejorado gracias a un mayor conocimiento de la enfermedad y a los tratamientos modernos.

UNA VIDA MEJOR
Gracias a los tratamientos modernos, los afectados de Parkinson pueden llevar una vida mucho más activa que hace unos años.

¿QUÉ ES LA ENFERMEDAD DE PARKINSON?

La enfermedad de Parkinson se caracteriza por una serie de signos vinculados con el sistema nervioso. Éstos son:

- Bradicinesia (lentitud de movimientos).
- Rigidez: sensación de pesadez y falta de flexibilidad en las extremidades.
- Temblor de las manos y a veces de las piernas estando en reposo.
- Trastornos posturales: flexión del cuello y el tronco del paciente, los brazos no se balancean al andar.

La enfermedad es consecuencia de la degeneración de unas células nerviosas pigmentadas del cerebro. Suele aparecer en personas de 50 o 60 años y puede permanecer estacionaria durante meses o años, aunque lo normal es que progrese; muy pocas veces reduce la esperanza de vida de forma significativa.

En los estadios avanzados, los temblores, la bradicinesia y la rigidez pueden llegar a afectar a las cuatro extremidades y al tronco; el habla puede ser confusa, las extremidades y el tronco se flexionan y el enfermo tiene tendencia a andar con pasos cortos y vacilantes y a caerse.

INCIDENCIA

La enfermedad no distingue clases sociales, razas ni orígenes geográficos. Aumenta con la edad, pero no es consecuencia del envejecimiento.

Tiene una incidencia de entre 1 y 5, es decir, entre 1 y 5 casos por cada mil personas, aunque aumenta hasta 10 entre la población de más de 70 años. Muchas personas mayores la sufren tan levemente que puede pasar desapercibida.

Afecta igualmente a hombres y mujeres y casi nunca es hereditaria.

PROCURE NO DEPRIMIRSE

Si al conocer el diagnóstico se siente deprimido, recuerde que durante muchos años el grado de discapacidad es leve y que en ese tiempo los pacientes pueden realizar actividades domésticas habituales y por lo general seguir trabajando con normalidad.

Además, aunque no existe cura para la enfermedad de Parkinson, muchos de los síntomas son controlables con un tratamiento adecuado.

DIAGNÓSTICO

La gente se pregunta cómo se detecta el Parkinson. El diagnóstico debe basarse en los síntomas, en especial en los signos observados durante una exploración que realizará un médico experimentado.

Los análisis de laboratorio y los rayos X no suelen ser necesarios, y otras pruebas especiales, como las tomografías computarizadas y las resonancias magnéticas, tampoco son útiles, ya que los resultados suelen ser normales en enfermos de Parkinson.

TRATAMIENTO

El tratamiento se basa en la restitución de las sustancias químicas del cerebro cuyos niveles se reducen o se agotan con la enfermedad de Parkinson.

La sustancia más afectada por la enfermedad es la dopamina, que va disminuyendo lentamente durante años sin que aparezcan síntomas.

Se calcula que hay que perder un 80 % de la dopamina de determinadas zonas del cerebro antes de que los síntomas sean evidentes.

Esta sustancia se encuentra en los denominados ganglios basales, grupos de neuronas situados en la base del cerebro.

A los pacientes se les administra un fármaco llamado levodopa que sustituye la dopamina perdida, pero también se utilizan otros medicamentos.

La fisioterapia, la logopedia y la terapia ocupacional son de bastante utilidad en determinados estadios y complementan el tratamiento farmacológico, aunque no por ello pueden sustituirlo. Su único objetivo es que el paciente siga activo y mantenga un estilo de vida lo más normal posible.

¿Quién trata al paciente?

Los enfermos y sus familias tienen un papel tan activo como los médicos y terapeutas. El médico de cabecera es la primera persona a la que hay que consultar y puede que se responsabilice del tratamiento, lo que comporta establecer el diagnóstico, prescribir la medicación y posiblemente organizar la fisioterapia y la terapia ocupacional. A continuación quizá le remita a un especialista, preferiblemente a un neurólogo o un geriatra. Éste se pondrá en contacto con el primer médico para confirmar el diagnóstico y aconsejarle sobre el tratamiento.

Una vez se haya confirmado el diagnóstico y se inicie el tratamiento, el médico de cabecera se ocupará de atenderle, aunque seguramente le enviará al especialista si surgen problemas.

PUNTOS CLAVE

- La enfermedad de Parkinson puede afectar tanto a hombres como a mujeres.
- El Parkinson es más frecuente en personas ancianas.
- Los síntomas pueden controlarse con el tratamiento adecuado.

Causas
y características

Se desconoce la causa principal, pero los estudios realizados permiten establecer ciertos patrones de distribución de la enfermedad, es decir, quién está afectado, dónde y en qué circunstancias. Ya se ha mencionado que es relativamente común, que se da en hombres y mujeres por igual y que ninguna raza es inmune.

El Parkinson no está relacionado con ningún trabajo en particular y es una enfermedad del cerebro, sin relación con el estrés, la ansiedad o los problemas familiares. Las amplias investigaciones en busca de una causa vírica o bacteriana han dado resultados negativos, por lo que la enfermedad no es infecciosa.

UNA ENFERMEDAD DEMOCRÁTICA
El Parkinson trata del mismo modo a todo el mundo. Aparece por igual en hombres y mujeres y no afecta a las personas de una profesión o grupo étnico más que a otras.

DEGENERACIÓN NEURONAL

En los pacientes de Parkinson se da un deterioro o degeneración de los llamados ganglios basales, en la materia gris del cerebro, en especial en la parte conocida como sustancia negra.

La función de la sustancia negra

Las neuronas de la sustancia negra, en el mesencéfalo, contienen un neurotransmisor llamado dopamina. Las fibras nerviosas de esas neuronas liberan dopamina al cuerpo estriado, una parte del cerebro que controla el movimiento.

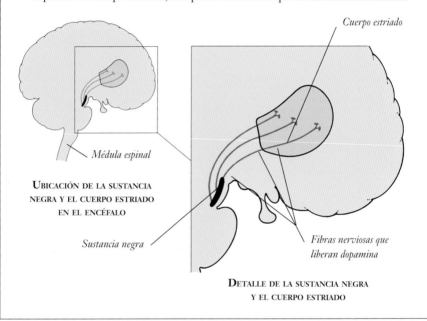

Cuerpo estriado

Médula espinal

UBICACIÓN DE LA SUSTANCIA NEGRA Y EL CUERPO ESTRIADO EN EL ENCÉFALO

Sustancia negra

Fibras nerviosas que liberan dopamina

DETALLE DE LA SUSTANCIA NEGRA Y EL CUERPO ESTRIADO

La sustancia negra, que está conectada con el cuerpo estriado (núcleo caudado y pálido), contiene células negras y, en los individuos sanos, produce una serie de mediadores químicos; el más importante de los cuales es la dopamina. Otros son la serotonina, la somatostatina y la noradrenalina. En la enfermedad de Parkinson, las células de los ganglios basales producen menos dopamina, que es necesaria para transmitir mensajes vitales a otras partes del cerebro, a la médula espinal, a los nervios y a los músculos.

Los ganglios basales son responsables, gracias a la acción de la dopamina, de regular los movimientos semiautomáticos del cuerpo, como señalar con el dedo, ponerse un calcetín, escribir o andar. Si no funcionan correctamente, como sucede en los pacientes de Parkinson, todos los aspectos del movimiento se ven deteriorados, lo que provoca los síntomas característicos de la enfermedad: bradicinesia, rigidez y dificultad para mover las extremidades, y a menudo temblores.

Los niveles de dopamina en la sustancia negra del cerebro suelen decaer con la edad, pero para que aparezcan síntomas y signos de parkinsonismo tienen que quedar reducidos a una quinta parte de lo normal.

RESTABLECER EL EQUILIBRIO

Normalmente existe un equilibrio entre la dopamina y otro neurotransmisor llamado acetilcolina, que está presente en muchas zonas del cerebro y desempeña una fun-

TEMBLOR EN LAS MANOS
Los enfermos de Parkinson se mueven con lentitud y rigidez, y tienen dificultades para realizar tareas como atarse los cordones de los zapatos.

Tratamiento farmacológico

La degeneración neuronal no puede detenerse, pero los fármacos minimizan los efectos durante años y ayudan a restablecer el equilibrio entre la dopamina y la acetilcolina al aumentar los niveles de la primera e inhibir en parte la acción de la segunda.

Desequilibrio por exceso de acetilcolina

Dopamina

Acetilcolina inhibida por el fármaco

Dopamina y levodopa

Nivel de equilibrio

Dopamina

Acetilcolina activa

ANTES DEL TRATAMIENTO FARMACOLÓGICO

DESPUÉS DEL TRATAMIENTO FARMACOLÓGICO

ción en el registro y la recuperación de la memoria. Al faltar dopamina, se da un exceso relativo de acetilcolina. Por ello, dos de los grupos principales de medicamentos utilizados para tratar el Parkinson son los inhibidores de la dopa descarboxilasa (la levodopa y sus preparados, el Madopar y el Sinemet) y los destinados a restablecer el equilibrio bloqueando la acción de la acetilcolina (anticolinérgicos como el Artane, el Kemadren o el Akineton).

Envío de mensajes

En el diagrama de la derecha se muestra cómo las células nerviosas o neuronas de los ganglios basales liberan la dopamina y la transmiten, a través del canal principal o axón, a los receptores de las células siguientes, transmitiendo así el mensaje y el impulso nervioso a las demás neuronas de la cadena. En ese proceso participan al mismo tiempo millones de neuronas, que constituyen una red de actividad que deja en ridículo a la red telefónica.

Las teorías actuales sobre la causa del Parkinson hacen hincapié en una predisposición por la que algunas personas son más vulnerables a determinados agentes tóxicos ambientales (que no han sido identificados). El grupo de células afectado sufre tres cambios:

• Las células liberan compuestos de oxígeno, lo que las daña (estrés oxidante), y disminuye en ellas una sustancia química llamada glutation reducido.

• Altos niveles de hierro.

• Déficit de un compuesto esencial de todas las células (complejo mitocondrial I), que normalmente controla las reacciones de oxidación.

Se desconoce cuál de ellos es el primero, el que provoca cambios secundarios que culminan en la muerte de la célula de la sustancia negra. En los sujetos presintomáticos que

Acción de la dopamina

Los gránulos de almacenamiento de la neurona liberan dopamina, que se desplaza por el axón y a través de la conexión sináptica hasta los receptores de dopamina de la célula siguiente.

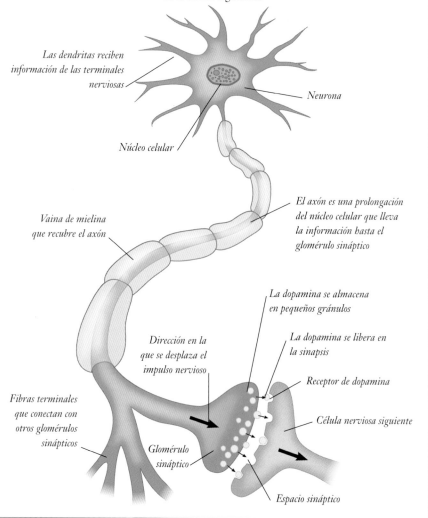

Las dendritas reciben información de las terminales nerviosas

Neurona

Núcleo celular

El axón es una prolongación del núcleo celular que lleva la información hasta el glomérulo sináptico

Vaina de mielina que recubre el axón

La dopamina se almacena en pequeños gránulos

Dirección en la que se desplaza el impulso nervioso

La dopamina se libera en la sinapsis

Receptor de dopamina

Fibras terminales que conectan con otros glomérulos sinápticos

Célula nerviosa siguiente

Glomérulo sináptico

Espacio sináptico

tienen cuerpos de Lewy en algunas células del cerebro, la sustancia negra muestra pérdida o reducción comparable de glutation y, posiblemente, disminución de actividad del complejo I. Todas estas anomalías suponen un punto de partida para el desarrollo de tratamientos futuros.

Los receptores son importantísimos. Algunos fármacos pueden bloquearlos, y si se toman durante un período largo obstruyen el paso de dopamina por las neuronas y por la red de axones, con lo que se reducen los impulsos nerviosos, tan necesarios para la coordinación motora. Ésa es la base del parkinsonismo provocado por los fármacos, que se describe en el capítulo siguiente.

GEMELOS
Las investigaciones sobre gemelos sugieren que los factores hereditarios desempeñan un papel menor en la enfermedad de Parkinson.

ENVEJECIMIENTO Y HERENCIA

Aunque el Parkinson no es consecuencia del proceso normal de envejecimiento, que afecta tanto al cerebro como a los demás órganos, la incidencia de la enfermedad se incrementa con la edad. Aunque entre el 5 y el 10 % de los pacientes tiene algún familiar con la enfermedad, los estudios realizados con gemelos sugieren que los factores hereditarios son relativamente poco importantes. Puede ser que los familiares afectados hayan estado expuestos al mismo agente ambiental o que sean genéticamente vulnerables a él.

Puntos clave

- La causa de la enfermedad de Parkinson es desconocida.
- Las investigaciones muestran que las células pigmentadas de la parte profunda del cerebro, que producen la dopamina y otras sustancias químicas, degeneran y mueren, lo que altera el funcionamiento de otras partes del cerebro, la médula espinal, los nervios y los músculos relacionados con el movimiento.
- Cuando falta dopamina se da un exceso relativo de otra sustancia química, la acetilcolina.
- El tratamiento tiene como objetivo aumentar los niveles de dopamina y reducir los de acetilcolina.

Tipos de parkinsonismo

Hay que distinguir entre el Parkinson (enfermedad de Parkinson idiopática o parálisis agitante), descrito por el médico inglés James Parkinson en 1817, y un grupo de trastornos menos comunes, provocados también por un deterioro del funcionamiento de las neuronas, denominados parkinsonismos secundarios o sintomáticos.

Existen diversos tipos de parkinsonismos sintomáticos:
- Parkinsonismo provocado por fármacos.
- Parkinsonismo posencefalítico (encefalitis letárgica).
- Parkinsonismo debido a sustancias tóxicas.
- Atrofia multisistémica.

Es importante distinguir entre la enfermedad de Parkinson en sí y el parkinsonismo sintomático, ya que el tratamiento puede ser distinto.

DROGADICCIÓN
Se ha descubierto que una sustancia química presente en drogas de fabricación casera provoca parkinsonismo sintomático en cuestión de semanas.

PARKINSONISMO PROVOCADO POR FÁRMACOS

Los medicamentos neurolépticos utilizados en el tratamiento de la esquizofrenia y otras psicosis pueden bloquear la liberación o transmisión de dopamina en la sustancia negra y en el cuerpo estriado, lo que provoca parkinsonismo. Los neurolépticos más habituales son las fenotiazinas, pero existen muchos otros *(véase p. 20)*. En caso de duda, debe preguntarle a su médico si el fármaco que está tomando puede provocar parkinsonismo.

Algunos de estos fármacos se utilizan contra las náuseas, los vómitos o los mareos y en esas circunstancias no debería aparecer parkinsonismo si el tratamiento para eliminar los síntomas se limita a menos de un mes. Si el médico puede retirarle los fármacos, lo normal es que el parkinsonismo vaya desapareciendo progresivamente a lo largo de varios meses. Algunos pacientes con enfermedades psiquiátricas graves necesitan seguir tomando neurolépticos; en esos casos hay que tolerar cierto grado de parkinsonismo que normalmente puede controlarse.

PARKINSONISMO POSENCEFALÍTICO

Este tipo de parkinsonismo es muy raro hoy en día. Se presentaba tras una inflamación difusa del cerebro (encefalitis letárgica) provocada por un virus que causó estragos entre 1918 y 1926. Los síntomas y el tratamiento son algo distintos de los de la enfermedad de Parkinson idiopática.

PARKINSONISMO PROVOCADO POR SUSTANCIAS TÓXICAS

Se ha descubierto que el MPTP, un contaminante químico de drogas caseras utilizado por heroinómanos, puede producir parkinsonismo en cuestión de días. En los casos mortales, el cerebro presenta destrucción grave de la sustancia negra y profunda pérdida de dopamina y de otros transmisores nerviosos, como sucede en la enfermedad de Parkinson.

Los síntomas se controlan mediante levodopa, que sustituye la dopamina perdida. Sin embargo, los daños cerebrales provocados por el MPTP son permanentes. Las investigaciones han demostrado que determinadas sustancias

Fármacos que pueden provocar parkinsonismo

Los siguientes fármacos neurolépticos, utilizados en el tratamiento de enfermedades psiquiátricas graves, provocan parkinsonismo sintomático.

Neurolépticos de uso habitual	Otros neurolépticos antipsicóticos	Fármacos inyectables
clorpromazina (Largactil)	clorprotixieno (Taractan)	zuclopentixol (Clopixol depot)
levomepromazina (Sinogan)	tiotixeno (Navane)	flufenazina retard (Modecate)
trifluoperazina (Eskazine)	flupentixol (Deanxit)	tiapride (Tiaprizal iny.)
clotiapina (Etumine)	zuclopentixol (Cisordinol)	haloperidol (Haloperidol)
tioridazina (Meleril)	haloperidol (Haloperidol)	pipotiazina retard (Lonseren)
propericiazina (Nemactil)	reserpina (Serpasol)	sulfipirida (Dogmatil iny.)
tioproperazina (Majeptil)	clozapina (Leponex)	
perfenazina (Decentan)	sulpirida (Dogmatil)	
	pimozida (Orap)	
	risperidona (Risperdal)	

tóxicas pueden provocar lesiones cerebrales similares a las que surgen espontáneamente en los pacientes de Parkinson idiopático. Se trata de un descubrimiento valioso para seguir investigando en la secuencia de acontecimientos que llevan a la degeneración de las células liberadoras de dopamina. En experimentos con animales a los que se provoca parkinsonismo utilizando MPTP, se ha observado que las células productoras de dopamina presentan deficiencia de una de las enzimas importantes, denominada complejo I mitocondrial plaquetario y relacionada con el control del oxígeno celular. A pesar de que se sabe más sobre la naturaleza y las causas del Parkinson, es necesario seguir investigando.

OTRAS FORMAS SINTOMÁTICAS

El parkinsonismo no suele derivarse de lesiones craneales y rara vez es síntoma de un tumor cerebral. Estados similares de rigidez acinética pueden ser resultado de una serie de degeneraciones cerebrales, incluidas la parálisis supranuclear progresiva, la atrofia multisistémica y la enfermedad de los cuerpos de Lewy. Todos esos males son causas poco comunes de parkinsonismo y requieren una evaluación neurológica especializada; no responden bien a los fármacos antiparkinsonianos.

PUNTOS CLAVE

- Es importante distinguir el Parkinson de los diversos tipos de parkinsonismos sintomáticos, ya que el tratamiento puede ser diferente.

Síntomas y signos

Los principales síntomas físicos que afectan a las personas que sufren Parkinson son los temblores, la rigidez muscular, la acinesia, los trastornos posturales y la pérdida de equilibrio.

SINTOMATOLOGÍA

Los síntomas que se describen a continuación son experimentados en grados distintos por cada paciente.

TEMBLOR

En un primer estadio, el síntoma más habitual es el temblor de una o ambas manos. Ocurre estando en reposo y se reduce o desaparece cuando se mueve la extremidad. Es bastante lento (unas cinco sacudidas por segundo) y rítmico. Suele desaparecer durante el sueño.

RIGIDEZ

Las extremidades presentan rigidez y parece que haya que hacer un esfuerzo para moverlas; pueden pesar y notarse débiles.

Sin embargo, la pérdida de fuerza no es una característica de la enfermedad de Parkinson.

SÍNTOMAS HABITUALES
Al andar, los pacientes suelen trasladar hacia adelante el centro de gravedad.

22

MOVIMIENTOS LENTOS

La lentitud de movimientos puede presentarse de tres formas: falta de movimientos espontáneos (acinesia), reacciones lentas y lentitud durante el movimiento en sí (bradicinesia). La letra del paciente tiende a ser cada vez más pequeña (este fenómeno se llama micrografía, del griego *micro*, pequeño, y *graphos*, escritura) y puede reflejar los signos de temblor.

TRASTORNOS POSTURALES

Se presentan en fases avanzadas de la enfermedad. El cuello y el tronco se flexionan, los brazos quedan pegados a los costados, con los codos y muñecas algo doblados, y las piernas pueden permanecer flexionadas por la cadera y las rodillas.

PÉRDIDA DE EQUILIBRIO

Suele aparecer junto a los trastornos posturales. Los pacientes tienen dificultades para corregir un tropezón o un traspié (falta de reflejos de enderezamiento) y en consecuencia tienden a caerse. Da la impresión de que se inclinan hacia adelante desde el centro de gravedad y, sin poder evitarlo, cuando andan pueden echar a correr (lo que los médicos llaman marcha festinante, del latín *festinatio*, prisa). Además, si se les empuja levemente, los pacientes pueden correr hacia adelante sin controlarse (marcha propulsiva) o dar tropezones hacia atrás (marcha retropulsiva).

Síntomas habituales de la enfermedad de Parkinson

Aunque los síntomas del Parkinson varían según los pacientes, hay una serie de características comunes.

- Dificultad para abrocharse los botones.
- Imposibilidad de darse la vuelta en la cama.
- Imposibilidad de levantarse de la silla.
- Falta de expresión facial.
- Caídas frecuentes.
- Enfriamiento de los pies.
- Piel grasienta (seborrea).
- Falta de parpadeo.
- Arrastrar los pies.
- Lentitud al comer.
- Lentitud de movimientos.
- Hablar en voz baja.
- Rigidez de las extremidades.
- Temblores.

DIFICULTADES PARA VESTIRSE
Debido a la rigidez y la bradicinesia, a veces resulta difícil abrocharse los botones, y vestirse cada día puede convertirse en una odisea.

SIGNOS

Cuando el médico le examine observará determinados signos, aunque, al igual que los síntomas, varían mucho según el paciente y también en un mismo individuo con el tiempo. Sus movimientos serán visiblemente lentos (bradicinesia, del griego *bradi*, lento, y *kinésis*, movimiento). Puede que se levante lentamente de la silla o que ande despacio, a pasos cortos, en la consulta. Es posible que sufra, en un brazo o en los dos, un temblor lento y rítmico que desaparece al agarrar una silla u otro objeto. Se conoce como el temblor «de contar monedas». Cuando el médico le flexione o extienda la muñeca, el brazo o la pierna, puede que note resistencia, como si intentara doblar una cañería de plomo; también es probable que note el temblor sobreimpuesto, lo que da la sensación de hacer girar una rueda dentada (se conoce como rigidez «en rueda dentada»).

MOVIMIENTOS AUTOMÁTICOS

Las acciones son sensiblemente elaboradas. Casi todos realizamos movimientos automáticos de forma inconsciente cuando estamos en reposo, cómodamente sentados (parpadear, cruzar y descruzar las piernas, jugar con algo entre los dedos, por ejemplo), pero el paciente de Parkinson, no. Los afectados por esta enfermedad caminan a pasos cortos y arrastran los pies, como si los tuvieran pegados al suelo. Los andares son inseguros y los pasos se acortan aún más en las puertas, ante los obstáculos o si por la calle se les cruza corriendo un perro o una persona. A veces los pacientes se quedan clavados en un sitio, como si tuvieran los pies bloqueados. Si le sucede eso, concéntrese en un punto situado frente a usted e intente llegar a él con la pierna con la que empieza a andar: descubrirá que por lo general puede hacerlo.

El semblante y el habla

La cara pierde expresión, la mirada permanece algo fija y en casos avanzados existe una tendencia a babear cuya causa no es un exceso de salivación, sino una reducción del acto inconsciente y automático de tragar saliva. La voz baja de volumen, a veces es ronca (disfonía) y puede que se articule mal (disartria). Es posible que esos problemas no llamen la atención, pero pueden ser un inconveniente si se canta en la ducha o, peor aún, en un coro.

Cambios en los hábitos urinarios e intestinales

El estreñimiento es casi inevitable, puesto que el músculo intestinal trabaja con lentitud. No es un síntoma preocupante, pero causa aprensión, sobre todo en los ancianos.

El músculo de la vejiga también se contrae con menor eficacia, y es habitual tener que orinar frecuentemente, en poca cantidad y con cierta urgencia. En los hombres de edad avanzada, además de la hipertrofia de la próstata puede darse micción lenta y necesidad de levantarse por la noche para orinar.

Si sufre estos problemas, debería consultar tanto a un neurólogo como a un urólogo. En los primeros estadios de la enfermedad no se presenta incontinencia y, en caso de aparecer posteriormente, es posible que haya otra explicación. En ocasiones, puede que no llegue a tiempo al lavabo, pero no se trata de incontinencia auténtica, sino debida a la urgencia, que en ocasiones puede aliviarse con un tratamiento a base de medicamentos como la oxibutinina.

DIFICULTAD PARA TRAGAR

Aunque en algún caso la enfermedad origina dificultad para tragar, practicar unos análisis especiales permitirá asegurarse de que ésta no se debe a otras razones ajenas al parkinsonismo.

OTROS PROBLEMAS

Por lo general se trata de problemas tardíos que surgen tras muchos años de enfermedad. La mayoría de los pacientes puede andar bien, hablar con claridad y trabajar y disfrutar del ocio durante muchos años. El tratamiento neurológico actual controla con eficacia los síntomas de la mayor parte de afectados.

A veces se presentan otros problemas. El dolor no es agudo en la mayoría de los casos, aunque las molestias y la rigidez del cuello, la espalda y las extremidades son

RIGIDEZ DE LA ESPALDA
Los pacientes pueden experimentar dolores y rigidez en el cuello, la espalda y extremidades, lo que dificulta el movimiento.

bastante habituales. Debido a la reducción de los movimientos automáticos, puede darse rigidez o bloqueo de los hombros; esto resulta doloroso e impide a los hombres sacar la cartera del bolsillo trasero del pantalón, o a las mujeres subirse la cremallera, por ejemplo. Son problemas menores y el tratamiento resulta eficaz. En raras ocasiones aparece el llamado calambre del escritor. Los efectos secundarios de algunos fármacos también pueden provocar síntomas.

PUNTOS CLAVE

- Los síntomas de la enfermedad de Parkinson son, entre otros, temblor, rigidez, acinesia, trastornos posturales y pérdida de equilibrio.

- Los síntomas varían mucho y en fases avanzadas pueden incluir cambios en los hábitos urinarios e intestinales y dificultad para tragar.

- Reducción de los movimientos automáticos y alteración de la expresión facial y del habla son signos habituales.

Diagnóstico de la enfermedad de Parkinson

A algunos pacientes, e incluso en mayor medida a sus familiares, les preocupa la precisión del diagnóstico. Cada enfermo es distinto; sus síntomas y su aspecto pueden ser diferentes de los de aquel señor que tiembla en el bar de abajo o en la tienda de la esquina y que dicen que tiene Parkinson. En general no es difícil llegar a un diagnóstico preciso.

EL DIAGNÓSTICO
Aunque no hay análisis clínicos que confirmen el diagnóstico, para un experto suele resultar fácil identificar los signos y síntomas del Parkinson.

Al igual que con otras enfermedades, no existen pruebas diagnósticas que confirmen o refuten el Parkinson. Los análisis de sangre, los electroencefalogramas, las tomografías computarizadas y las resonancias magnéticas arrojan resultados normales.

El Parkinson puede confundirse con otras enfermedades y, dado que las perspectivas y el tratamiento pueden variar sensiblemente, es aconsejable que un neurólogo confirme o rechace las sospechas iniciales. El diagnóstico se basa en el historial y los signos; para un experto puede ser evidente en cuanto el paciente entra en la consulta. Haber sufrido un cambio en la escritura, arrastrar una pierna sin tener ningún problema de cadera o quejarse de torpeza son signos que advertirán al médico del posible diagnóstico. La gravedad y el tipo de enfermedad se investigarán en esa exploración física y se descubrirá el grado de discapacidad preguntándole al paciente qué puede hacer y qué no.

Diagnóstico diferencial

Como se ve en la tabla de la p. 30, hay otras causas de temblor que pueden confundirse con el Parkinson.

La más frecuente es un trastorno común y relativamente inofensivo llamado temblor esencial benigno, que afecta del 2 al 4 % de la población, en distintos grados. En este caso, el temblor es ligero o inexistente en reposo, pero empeora cuando se separan los brazos del cuerpo; no suele presentarse rigidez o lentitud de movimiento, ni tendencia a inclinar o flexionar el cuerpo. A menudo, aunque no siempre, es hereditario. El temblor puede mitigarse con una pequeña dosis de alcohol. No responde a los fármacos antiparkinsonianos.

Las enfermedades del tiroides, el alcoholismo, los estados de ansiedad y una serie de trastornos metabólicos y estructurales poco comunes pueden asemejarse al Parkinson, pero el especialista sospechará de qué se trata si los síntomas son poco habituales; sólo en ese caso se propone realizar análisis. Esos trastornos rara vez provocan problemas de diagnóstico, por lo que en la mayoría de casos no se hacen pruebas.

Síntoma compartido
Enfermedades como el temblor esencial benigno provocan también temblores en las manos que impiden controlar bien la escritura.

Trastornos que se parecen al Parkinson

Diversos trastornos neurológicos producen síntomas similares a los de la enfermedad de Parkinson.

- Parkinsonismo posencefalítico y el provocado por fármacos.
- Otras causas de temblores, como el temblor esencial benigno, la tirotoxicosis o el alcoholismo.
- Otras enfermedades cerebrales, como apoplejías múltiples.

Enfermedades que se confunden con el Parkinson

La gente suele confundir la enfermedad de Parkinson con otros trastornos que, en algunos casos, provocan síntomas parecidos.

- Tumor cerebral
- Apoplejía
- Esclerosis múltiple
- Consecuencias de una lesión craneal
- Enfermedad de Alzheimer y demencias primarias
- Enfermedad de la motoneurona

ESCLEROSIS MÚLTIPLE Y APOPLEJÍAS

Algunas veces, personas a las que se ha diagnosticado Parkinson se preguntan si en realidad se trata de esclerosis múltiple o de algún tipo de apoplejía poco habitual. La esclerosis múltiple es principalmente una enfermedad de personas más jóvenes: provoca síntomas y signos bastante distintos y el especialista la detectaría rápidamente.

Las apoplejías múltiples que afectan alternativamente a los dos lados del cuerpo rara vez pueden confundirse con

Parkinson; también en este caso el especialista sabrá distinguir entre ambos trastornos. Naturalmente, existe la posibilidad de que un individuo sufra los dos, pero el médico debería ser capaz de aclarar el asunto. Sin embargo, hay que subrayar que las apoplejías no provocan Parkinson.

La enfermedad de Alzheimer

Los pacientes más avanzados o ancianos pueden sufrir pérdidas de memoria o pasar por períodos de confusión. La familia se preguntará si sufre demencia o está desarrollando la enfermedad de Alzheimer. Los pacientes con Alzheimer o que sufren la enfermedad de los cuerpos de Lewy presentan síntomas de falta de memoria y de juicio desde un principio, mientras que en el Parkinson se da en primer lugar bradicinesia, rigidez o temblores. Aunque la enfermedad de Alzheimer y la de Parkinson tienen algunos síntomas comunes o similares, los neurólogos suelen distinguir ambos males mediante una exploración física, a veces complementada con escáneres cerebrales y otros análisis.

PUNTOS CLAVE

- En la mayoría de casos no es difícil hacer un diagnóstico preciso.
- La enfermedad de Parkinson no debe confundirse con la esclerosis múltiple ni con las apoplejías, que en ningún caso la provocan.
- Las personas con Alzheimer presentan síntomas mentales desde el principio, mientras que en el Parkinson los primeros síntomas son la bradicinesia, rigidez o temblores.

¿Afecta el Parkinson al intelecto?

Los factores nerviosos y emocionales desempeñan un papel en toda enfermedad humana. Es sabido que las aflicciones y el insomnio llegan a empeorar el dolor que causan un moretón sin importancia o una caries, del mismo modo que las preocupaciones personales agravan el asma o una úlcera.

TRASTORNOS EMOCIONALES
La sensación de dependencia de los demás puede causar ansiedad o depresión al paciente de Parkinson.

A la inversa, si tiene una pierna rota, sufre una bronquitis, descubre un bulto en el pecho o padece Parkinson, no es extraño que a veces se sienta ansioso, inquieto o incluso deprimido.

Los trastornos psicológicos más evidentes que acompañan al Parkinson son la ansiedad o la depresión provocadas por los síntomas físicos de la enfermedad y por la discapacidad que produce. El temblor y los movimientos lentos y pesados pueden causar que uno sienta vergüenza en público. Andar con paso anormal, tropezar y caerse, o las dificultades con el habla y la voz, también abruman al paciente. En una fase muy tardía, tras muchos años, las limitaciones físicas pueden ser graves y restringir muchas actividades; no es de extrañar que entonces los pacientes se sientan desanimados y deprimidos, en especial debido a su dependencia de los demás, pues el temor a la incapacidad se suma a sus preocupaciones.

LA DEPRESIÓN

Aproximadamente un tercio de los pacientes de Parkinson sufre en algún momento una enfermedad depresiva, es decir síntomas desproporcionados respecto a la causa subyacente o incapacidad de hacerles frente. La depresión puede presentarse de improviso, cuando aparentemente no hay estrés, fuente de ansiedad ni discapacidad física que la explique. Es lo que se denomina depresión endógena. Es interesante destacar que su incidencia es mayor que en personas sin Parkinson incluso antes de que aparezcan los síntomas de la enfermedad.

LOS SÍNTOMAS DE LA DEPRESIÓN

Si ha estado deprimido alguna vez, recordará que se sentía desanimado, triste y bajo de moral; seguramente también se acuerda de la apatía, de la falta de vitalidad y la pérdida de interés y entusiasmo. Estar deprimido es bastante distinto de estar aburrido, nervioso o harto, una queja habitual de los jóvenes, los desilusionados o los desempleados. A las personas deprimidas les supone un esfuerzo realizar tareas cotidianas, como vestirse, afeitarse o maquillarse, salir, tener relaciones sociales o incluso charlar con la familia

SÍNTOMAS FÍSICOS
Las personas deprimidas suelen sentirse abatidas, desesperanzadas y carentes del entusiasmo necesario para hacer algo constructivo. Sin embargo, el tratamiento suele dar buenos resultados.

o los amigos. Ven la vida como algo inútil, vano y sin sentido. El sueño se ve alterado. Los enfermos se van a la cama pronto, para olvidarse de todo, duermen a rachas hasta las cuatro o las cinco de la madrugada y luego ya no pueden pegar ojo. La primera hora de la mañana suele ser la peor, mientras que por la noche el abatimiento suele haber disminuido un poco. Estos cambios de humor son característicos de la enfermedad.

Los síntomas físicos, como molestias indeterminadas, dolores de cabeza y de espalda, palpitaciones e incluso pánico al cáncer pueden aumentar el sufrimiento mental. Se combinan sentimientos desproporcionados de culpa e incapacidad; la persona deprimida se culpa de todas las desgracias de su familia y a veces de todos los males del mundo. Pasará por períodos de desasosiego y excitación.

Si se siente así, necesita asistencia médica. Las personas deprimidas pueden suicidarse, aunque por suerte, en el caso del Parkinson es poco habitual.

TRATAMIENTO DE LA DEPRESIÓN

Los síntomas suelen responder bien a los fármacos antidepresivos del grupo de los tricíclicos (amitriptilina, imipramina, etcétera), que tiene que supervisar su médico de cabecera o especialista y que no interfieren con la medicación del Parkinson.

Los antidepresivos más recientes, entre ellos la famosa paroxetina (Prozac) son igualmente beneficiosos. Suele ser necesario mantener el tratamiento entre seis y doce meses, a veces más. Por lo general los resultados son buenos.

CONFUSIÓN

Los estados de confusión y las alucinaciones son poco habituales en los pacientes más jóvenes y en los primeros estadios de la enfermedad. No olvide que muchas personas mayores de 70 años tienen lagunas de memoria, y se sienten desorientadas y confundidas. La sordera y la visión deficiente pueden provocar alucinaciones en personas que no presentan Parkinson. Cuando se dan en pacientes de Parkinson, es posible que se deban al envejecimiento o que las provoquen los fármacos.

Todos los tipos de medicamentos antiparkinsonianos pueden causar desorientación, confusión y alucinaciones. Es más habitual con fármacos anticolinérgicos, como el trinexifenidilo (Artane), la prociclidina (Kemadren) y el biperideno (Akineton), pero la bromocriptina (Parlodel) y los preparados de levodopa (Madopar, Sinemet) también pueden producir estados de confusión.

SIGNOS DE CONFUSIÓN

Las pesadillas y los sueños recurrentes son los primeros avisos de esos desagradables efectos secundarios. En algunos casos los problemas vienen y van de forma intermitente, pero siempre tienden a ser más evidentes por la noche, en lugares extraños, como los hospitales o las residencias. La desorientación puede estar relacionada con el tiempo, el lugar o la persona. El paciente se siente desconcertado y no sabe dónde está ni qué hora es. La información reciente se registra mal, por lo que el paciente puede negar haber comido hace una hora u olvidarse de una visita muy reciente.

Las alucinaciones visuales consisten en ver cosas que no existen: personas, caras, insectos o animales. Las auditivas consisten en oír sonidos o voces irreales: puede parecer que salen voces de la radio o del televisor, o incluso de la cabeza del paciente. A veces el enfermo sabe que son irreales, ya que está al tanto de esas intrusiones, pero es posible que crea en su autenticidad. Pueden provocar angustia y excitación.

La confusión puede detectarse si se dan conversaciones raras o conductas extrañas y excéntricas. Los afectados suelen prestar poca atención y distraerse, y parece que tienen mala memoria porque les cuesta concentrarse. También es posible que echen leche en la cafetera, que se pongan la ropa del revés, que intenten comerse un pastel con un cuchillo o que no sean capaces de hacerse el nudo de la corbata o de utilizar un peine o una maquinilla de afeitar. Esta imposibilidad de realizar movimientos conocidos y secuencias, aunque las extremidades tienen la fuerza, la coordinación y la sensación normales se denomina apraxia.

EFECTOS INDESEABLES DE LOS FÁRMACOS

Aunque los síntomas pueden presentarse en pacientes con demencia y a menudo no se curan totalmente, éstos pueden ser un signo de sensibilidad aumentada a la medicación. El médico reducirá o irá disminuyendo gradualmente cualquier fármaco que cause problemas y por lo general los síntomas desagradables que haya estado sufriendo el paciente desaparecerán.

Es evidente que la reducción del tratamiento antiparkinsoniano puede aumentar la bradicinesia o la rigidez propias de la enfermedad, pero al fin y al cabo es más fácil tratar a un paciente cuerdo pero bradicinético que a uno con más movilidad pero desorientado. Una correcta adecuación de la medicación a las necesidades del individuo sirve a menudo para conseguir una solución si no perfecta, al menos satisfactoria.

DEMENCIA

Una de las grandes preocupaciones que comporta el Parkinson es que se sabe que está asociado a la demencia: una disfunción del intelecto, la memoria y la capacidad de tomar decisiones y juzgar racionalmente. Sin duda alguna, este factor se ha subrayado en exceso. Muchos pacientes de Parkinson no se ven nunca afectados por la demencia.

En la vejez, son habituales tanto el Parkinson como el Alzheimer, la causa más frecuente de demencia. A los 70 años, el 5-10 % de la población muestra algún signo de demencia, y aproximadamente la mitad de ellos sufre Alzheimer. Por lo tanto, existe la posibilidad de que algunos pacientes, por pura coincidencia, tengan Parkinson y demencia.

Esta desafortunada combinación empeora de manera notable las perspectivas. Coincidencias aparte, se sabe que entre el 10 y el 20 % de los pacientes de Parkinson acaba sufriendo demencia; si ésta se halla presente al inicio de la enfermedad, el pronóstico empeora. Los pacientes que toman levodopa para los síntomas parkinsonianos sólo toleran dosis pequeñas y tienden a sufrir efectos secundarios, en especial estados de desorientación y alucinaciones. En otras palabras, la demencia limita la cantidad de levodopa que puede administrarse y, por ese motivo, el control de los síntomas parkinsonianos es menos satisfactorio.

La combinación de la enfermedad de Parkinson y la demencia acaba provocando invalidez. La familia tiene que recurrir a la asistencia social para poder tener al paciente en casa.

Con el tiempo, puede ser necesario que éste ingrese en un hospital o residencia durante algunos períodos. Se está investigando mucho en este campo tan difícil y existen muchas esperanzas de que se realicen progresos.

PUNTOS CLAVE

- Los pacientes de Parkinson suelen sentirse ansiosos, aprensivos o incluso deprimidos por la enfermedad.
- La depresión requiere atención médica desde el principio.
- Las confusiones y alucinaciones pueden ser causadas por la medicación antiparkinsoniana o por otras enfermedades no relacionadas.
- La combinación de Parkinson y demencia dificulta el tratamiento.

La discapacidad en la enfermedad de Parkinson

Si acaban de diagnosticarle Parkinson, es normal que se sienta pesimista y abatido, que se imagine a un anciano encorvado arrastrando los pies, que se vea en una silla de ruedas y que se sienta descorazonado ante la perspectiva de tener que depender de su familia. En muchos casos, sin embargo, lo que acaba sucediendo demuestra que sus temores no estaban justificados.

UNA PERSPECTIVA OPTIMISTA

Es importante comprender la enfermedad y ponerla en su verdadera dimensión. Si bien es cierto que algunos pacientes terminan sufriendo discapacidad física o mental grave, a muchos otros no les ocurre así. En gran parte depende de la edad en que se detecte el Parkinson.

Si a una persona en buena forma y activa de, digamos, 74 años empieza a temblarle una mano y experimenta una leve rigidez y bradicinesia en ese brazo, puede afirmarse con seguridad que su esperanza de vida no se reducirá y que es improbable que los sínto-

AYUDA PRÁCTICA
Aparte de los medicamentos, actualmente existen complementos que resultan de gran utilidad.

Escala de grados de discapacidad establecida por Hoehn y Yahr

En esta escala se establecen de forma arbitraria cinco grados de afectación.

Estadio I

Trastorno sólo unilateral.

Estadio II

Trastorno bilateral leve.

Estadio III

Alteración bilateral que incluye síntomas de deterioro de la estabilidad postural.

Estadio IV

Incapacidad severa que requiere considerable asistencia.

Estadio V

El paciente queda confinado en cama o en una silla de ruedas cuando no se le ayuda.

mas parkinsonianos le provoquen un alto grado de discapacidad antes de los 80 años; incluso entonces puede que no sean graves. Es más probable que le causen dificultades otras enfermedades, como la artritis, la bronquitis, las enfermedades cardíacas o las apoplejías.

Si, por el contrario, es usted una de esas personas que sufren Parkinson a una edad temprana, entre los treinta y los cuarenta años, la progresión de la enfermedad será por lo general lenta y, aunque es probable que con el tiempo sufra diversos problemas físicos, lo más normal es que se mantenga estable muchos años y que pueda seguir con su trabajo y con su vida familiar. Además, la investigación avanza con tanta rapidez que es muy posible que durante la próxima década las perspectivas sean mucho mejores.

DETERIORO

En general, la progresión de la enfermedad es lenta. El deterioro repentino es poco habitual, a no ser que lo provoque otra enfermedad o la administración de medicamentos inadecuados.

Según mi experiencia y la de otros especialistas, la enfermedad permanece estacionaria durante cinco, 10 o más años en quizá hasta el 15 o el 20 % de los pacientes, y durante ese período el grado de discapacidad es leve y no aumenta. El motivo nos es desconocido.

CONTROL DEL TRATAMIENTO

Los efectos del tratamiento son de vital importancia para determinar la gravedad de la enfermedad. Por lo general, durante varios años son muy positivos. Para evaluar la eficacia del tratamiento o el estadio al que ha llegado la enfermedad en un momento determinado, es de utilidad anotar los principales problemas, signos y síntomas de discapacidad. Todo ello se hace en la consulta del médico, pero también existen diversas escalas para clasificar las fases de la enfermedad. La gravedad global se puntúa según la escala de Hoehn y Yahr (que recibe el nombre de sus creadores), aunque seguramente está demasiado simplificada.

También existen escalas detalladas para los problemas que aparecen al desplazarse, alimentarse, vestirse y realizar otras actividades diarias. Asimismo, se utilizan habitualmente la Escala de Clasificación Unificada de la Enfermedad de Parkinson (UPDRS), la del King's College Hospital y la escala de grados de invalidez de la North Western University.

La puntuación de Webster *(véase p. 42)* es una escala sencilla, que permite evaluar la gravedad de la enfermedad. Los médicos la utilizan para comprobar la bradicinesia, la rigidez, el temblor, el modo de andar, el habla, etc. Comprende 10 aspectos, que se puntúan del cero al tres, con lo que la puntuación total va de cero (no existen signos de discapacidad) a un máximo de 30 (incapacidad total). Existen otros dos apartados de utilidad: un examen del equilibrio y otro de la capacidad de levantarse de una silla.

PÉRDIDA DE EQUILIBRIO
La pérdida del equilibrio es uno de los aspectos que se evalúan en los sistemas de puntuación. Otros son el habla, los temblores, la postura y la bradicinesia.

Puntuación de Webster para el diagnóstico del Parkinson

Los médicos utilizan la escala de Webster para evaluar la globalidad de los síntomas del enfermo de Parkinson. Sólo se tarda unos 10 minutos en completarla.

Síntomas básicos

Cada elemento se clasifica según una tabla especial de puntuaciones que va del 0 al 3:

1	Bradicinesia de las manos	6	Temblor
2	Rigidez	7	Expresión del rostro
3	Postura	8	Seborrea
4	Balanceo de los brazos	9	Lenguaje articulado
5	Modo de andar	10	Cuidado personal

Aspectos adicionales

(Del 0 al 3, un punto cada uno)

- Equilibrio
- Levantarse de la silla
- Discinesia

Estado mental

(Del 0 al 3)

- Desorientación
- Alucinaciones
- Demencia

También existen escalas de evaluación de la discinesia *(véase p. 43)* que permiten medir el grado de mejoría resultante de cualquier tipo de medicación.

El tratamiento farmacológico no sólo mejora la calidad de vida, sino que también la prolonga. Antes de que existieran los preparados de levodopa, la esperanza de vida era de unos 12 años.

Muchos pacientes de Parkinson tienen ahora una esperanza de vida normal y más posibilidades de fallecer a consecuencia de otras enfermedades comunes.

Escalas de discinesia

*Los médicos utilizan estas escalas para evaluar la gravedad
y la duración de la discinesia (movimientos espasmódicos
o contorsiones) de los enfermos de Parkinson.*

A Duración: porcentaje
de las horas en que está
presente la discinesia

0 = 0 %

1 = del 1 al 25 %

2 = del 26 al 50 %

3 = del 51 al 75 %

4 = del 75 al 100 %

B Gravedad

0 = está presente, pero no
provoca discapacidad

1 = discapacidad leve

2 = discapacidad moderada

3 = discapacidad grave

Nota: Pueden utilizarse otras escalas para evaluar el dolor
que provoca la discinesia y para medir las distonías.

PUNTOS CLAVE

- No todos los pacientes de Parkinson terminan con discapacidad física y mental grave.
- Se utilizan escalas especiales para evaluar el grado de discapacidad y la eficacia del tratamiento.
- Muchos pacientes tienen una esperanza de vida normal.

Tratamiento médico

El objetivo del tratamiento es eliminar en la medida de lo posible los síntomas y la discapacidad provocados por la enfermedad. Todavía no contamos con fármacos que curen el Parkinson o que frenen su progresión natural: lo que hacen los medicamentos existentes es invertir los síntomas sustituyendo las sustancias químicas esenciales, como la dopamina, necesarias para la transmisión normal de impulsos nerviosos y para el control de los movimientos.

ASPECTOS A VALORAR

● El tratamiento médico debe ser personalizado, para adaptarse a las necesidades de cada paciente, y necesita ajustes periódicos durante todo el curso de la enfermedad. En el caso del Parkinson no basta con que el paciente tome una pastilla tres veces al día.

● El tratamiento deberá depender siempre de los síntomas y del grado de discapacidad. Por ejemplo, en un principio, si los síntomas son leves y no llaman la atención, es mejor no administrar ningún medicamento.

● Tratar bien la enfermedad de Parkinson supone algo más que tomar fármacos. Son necesarios esfuerzos activos

LA MEDICACIÓN
Los fármacos son solamente una parte del tratamiento médico del Parkinson. Aunque el tratamiento no puede impedir la degeneración de las neuronas, contribuye a minimizar los síntomas del trastorno.

45

y positivos por parte del enfermo y sus familiares. También se requiere la ayuda de médicos de cabecera, fisioterapeutas, terapeutas ocupacionales y diversos servicios de asistencia social en determinados momentos de la enfermedad.

EL ESPECIALISTA

Es necesario que el enfermo visite a un neurólogo en la primera fase de la enfermedad; éste confirmará el diagnóstico, aconsejará sobre las perspectivas de tratamiento inmediatas y futuras y evaluará los progresos y la eficacia del tratamiento. Posteriormente, las visitas pueden espaciarse según el criterio del neurólogo.

Los médicos de cabecera tienden cada vez más a ocuparse del seguimiento de los pacientes, pero deberían remitirlos a un especialista si surgen complicaciones.

LA MEDICACIÓN

Ya se ha hablado de la deficiencia de dopamina, esencial en el cerebro, y del consiguiente exceso de acetilcolina que se da en la enfermedad de Parkinson. Por lo tanto, el primer tratamiento se basa en los medicamentos llamados anticolinérgicos, que reducen la acetilcolina y actúan para restablecer el equilibrio con la dopamina. Actualmente, muchos neurólogos empiezan el tratamiento con pequeñas dosis de levodopa o agonistas dopaminérgicos. Más adelante, puede introducirse la amantadina que eleva ligeramente los niveles de dopamina y tiene una acción anticolinérgica leve y pocos efectos secundarios.

Algunos neurólogos administran agonistas dopaminérgicos (pergolida o bromocriptina) a continuación, ya que provocan menos movimientos espasmódicos o contorsiones (discinesia) que el fármaco más utilizado para la enfer-

Tratamiento farmacológico según el estadio de la enfermedad

Los medicamentos prescritos al paciente de Parkinson variarán en el curso de la enfermedad, según la gravedad que revistan los síntomas en cada momento.

SÍNTOMAS	TRATAMIENTO
No existe discapacidad	No se administran
Los síntomas molestan/avergüenzan	Anticolinérgicos* o selegilina, o ambos
Rigidez y bradicinesia a pesar de los anticolinérgicos	Se añaden amantadina o pergolida**
Bradicinesia, temblor acusado, dificultad para trabajar	Levodopa en forma de Madopar o Sinemet
Discinesia leve o fluctuaciones	Suelen reducirse las dosis y añadirse pergolida**
Deterioro de fin de dosis de la levodopa	Madopar o Sinemet y pergolida, o inyecciones de apomorfina

* No se administran a pacientes ancianos o con confusión.
** La pergolida, la bromocriptina y la lisurida son alternativas similares. Suelen combinarse varios fármacos.

medad, la levodopa. Sin embargo, pasados los tres o cuatro primeros años la mayor parte de pacientes necesita un preparado de levodopa, que se convierte en dopamina activa. La forma pura que se utilizaba anteriormente se ha sustituido por combinados de esa sustancia y carbidopa (Sinemet) o benserazida (Madopar). Estos fármacos constituyen

Efecto del desequilibrio químico en el Parkinson

En circunstancias normales, la acetilcolina y la dopamina están equilibradas. En personas afectadas por la enfermedad de Parkinson, las células que producen dopamina se degeneran y el resultado es un nivel de dopamina insuficiente y una acetilcolina demasiado activa.

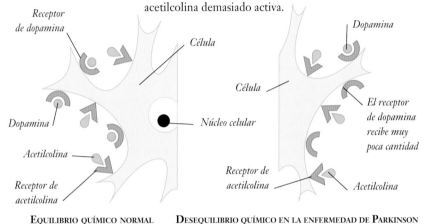

Receptor de dopamina

Célula

Dopamina

Célula

Dopamina

Núcleo celular

El receptor de dopamina recibe muy poca cantidad

Acetilcolina

Receptor de acetilcolina

Receptor de acetilcolina

Acetilcolina

EQUILIBRIO QUÍMICO NORMAL · DESEQUILIBRIO QUÍMICO EN LA ENFERMEDAD DE PARKINSON

la base de la medicación y su eficacia es superior a la de otros disponibles en la actualidad. La impresionante eficacia de estos medicamentos puede ir menguando al cabo de unos cinco o diez años, aunque siguen aliviando algo los síntomas.

Las necesidades de los pacientes y sus respuestas al tratamiento varían mucho, por lo que no hay que tomarse las dosis mencionadas aquí al pie de la letra.

Si los preparados de levodopa no son adecuados, puede utilizarse otro grupo de medicamentos, los agonistas dopaminérgicos, que estimulan los receptores de dopamina. Algunos ejemplos de agonistas dopaminérgicos son la pergolida, la bromocriptina y la lisurida.

En ocasiones se utiliza apomorfina, pero tiene que ad-

Efecto de los fármacos

El equilibrio entre la dopamina y la acetilcolina en el cerebro puede restablecerse mediante un fármaco que bloquea los receptores de acetilcolina (un anticolinérgico) o mediante medicamentos que aumentan la actividad de la dopamina.

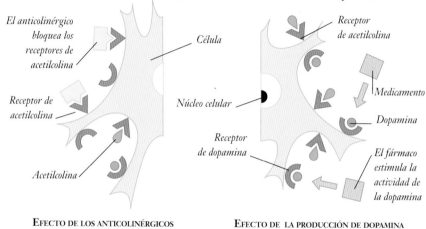

EFECTO DE LOS ANTICOLINÉRGICOS   **EFECTO DE LA PRODUCCIÓN DE DOPAMINA**

ministrarse en inyecciones regulares, más o menos como hacen los diabéticos con la insulina. Tiene la gran ventaja de que actúa desde unos 10 minutos después de la inyección hasta entre 50 y 90 minutos más tarde. Suele ser útil cuando se tiene un compromiso social o laboral, pero su administración debe ser estrechamente vigilada por el médico.

La selegilina es de por sí un antiparkinsoniano débil, pero en las primeras fases de la enfermedad permite controlar los síntomas y retrasar aproximadamente un año la utilización de Madopar o Sinemet.

También reduce el deterioro de fin de dosis de esos dos fármacos que se da en las últimas fases del Parkinson (acinesia de fin de dosis).

ANTICOLINÉRGICOS

Estos medicamentos son útiles para tratar la primera fase de temblor y rigidez, pero no son tan potentes como la levodopa contra la bradicinesia, los bloqueos y las caídas. Sirven para controlar la salivación y la sialorrea (babeo), ya que provocan sequedad de boca. Funcionan bien con los preparados de levodopa, pero las dosis suelen ir reduciéndose en pacientes mayores o si existe tendencia a sufrir confusión, alucinaciones o pérdida de memoria. La inflamación de la próstata o la propensión a sufrir glaucoma pueden empeorar. Los anticolinérgicos son especialmente útiles en el parkinsonismo provocado por fármacos y en los

Medicamentos anticolinérgicos

Estos fármacos pueden prescribirse para tratar la enfermedad en su primera fase, cuando los síntomas son leves. Suelen administrarse a los pacientes más jóvenes.

FÁRMACO	NOMBRE COMERCIAL	PRESENTACIÓN	DOSIS DIARIA
Trihexifenidilo	Artane Artane retard	Comprimidos de 2 mg/5 mg Cápsulas de 5 mg	2 mg
Biperideno	Akineton Akineton retard	Ampolla de 5 mg Tabletas de 2 mg Grageas de 4 mg	3 a 16 mg
Prociclidina	Kemadren	Comprimidos de 5 mg	7,5 a 30 mg
Benzotropina	Cogentin	Comprimidos de 2 mg	1-4 mg

casos posencefalíticos, actualmente raros. Los medicamentos que aparecen en la tabla son bastante similares en cuanto a potencia o efectos secundarios.

PREPARADOS DE LEVODOPA

Es el tratamiento más habitual para el Parkinson moderado y grave. Alivian la rigidez, la bradicinesia y a menudo el temblor, y mejoran la postura. Los efectos positivos pueden ser menos evidentes en los ancianos y en casos de enfermedad muy prolongada, ya que es posible que los pacientes no puedan tolerar una dosis lo bastante alta como para controlar sus síntomas. La levodopa se administra mejor en forma de Sinemet o Madopar.

POSOLOGÍA

El tratamiento se inicia con una dosis baja, administrada con la comida. Después se va aumentando de forma gra-

Preparados de levodopa

Los preparados de levodopa suelen recetarse cuando empieza a disminuir el efecto de los anticolinérgicos. Se utilizan para tratar casos de Parkinson entre moderados y graves.

FÁRMACO	NOMBRE COMERCIAL	PRESENTACIÓN	DOSIS DIARIA
Levodopa + benserazida	Madopar	Comprimidos birranurados de 250 mg	0,5-2 g
Levodopa + carbidopa	Sinemet Sinemet plus Sinemet retard	Comprimidos de 275 mg Comprimidos de 125 mg Comprimidos de 250 mg de liberación retardada	275-825 mg 125-750 mg 250-750 mg

dual hasta alcanzar la dosis mínima que permite un control aceptable de los síntomas y la discapacidad.

Los medicamentos como el Sinemet y el Madopar contienen una combinación de levodopa y otra sustancia que concentra la levodopa en el cerebro y reduce al mínimo los efectos secundarios en el resto del cuerpo.

Por ejemplo, el Sinemet plus contiene 100 miligramos de levodopa y 25 de carbidopa, y el Madopar, 200 miligramos de levodopa y 50 de benserazida.

La dosis ideal debe contemplar no sólo los síntomas, sino también los efectos secundarios. Muchos médicos prefieren no llegar al límite, para poder atender futuras necesidades. La mayoría de los pacientes no tiene dificultades con los primeros efectos secundarios; las náuseas, los vómitos y los desmayos ocasionales son una molestia que desaparece fácilmente si se ajusta la posología.

Efectos secundarios de la levodopa

Los efectos secundarios de la levodopa cambian con el tiempo.

AL PRINCIPIO

(en los primeros días y semanas)
Las náuseas, vómitos y desmayos desaparecen al cabo de unas semanas.

POSTERIORMENTE

(después de 1 a 3 años)
Deterioro de fin de dosis: discinesia tardía y distonía.
Fenómeno *on-off*.
Confusión mental, alucinaciones.

EFECTOS INDESEABLES

Pasados uno o dos años, algunos pacientes presentan los movimientos espasmódicos (coreatetosis) que caracterizan a la discinesia tardía provocada por fármacos. Aparecen entre una y tres horas después de tomar la dosis, cuando los niveles de dopamina en el cerebro son más altos. Afectan a la boca, lengua, labios y mejillas, y a menudo al cuello, extremidades y tronco.

Suelen ser más molestos para la pareja del enfermo que para éste, ya que son embarazosos y desagradables a la vista, más que causa de discapacidad. Si son graves, pueden reducirse o eliminarse disminuyendo las dosis, que entonces pueden tener que administrarse más frecuentemente. Los pacientes con discinesia que tomen Sinemet tres veces al día pueden sentir alivio si cambian a Sinemet plus, que deberán tomar en cinco o seis dosis diarias, a intervalos de dos o tres horas. La respuesta habitual de la enfermedad de Parkinson y de otros tipos de parkinsonismo sintomático a la levodopa y a los anticolinérgicos se muestra en la tabla de la p. 55.

Efectos del deterioro de fin de dosis

En una fase avanzada de la enfermedad de Parkinson, la medicación parece ser efectiva durante menos tiempo. Puede que aprecie ese deterioro al final de cada dosis (acinesia de fin de dosis), antes de que sea la hora de la siguiente pastilla, o al despertarse cada mañana (acinesia de primera hora), porque la dosis de la noche anterior ha dejado de surtir efecto. Los síntomas más problemáticos son la bradicinesia, la rigidez y los bloqueos. A veces parece que es sólo una dosis la que no funciona, a menudo la de después de comer; esto se debe a que durante la digestión las proteínas contenidas en el estómago y el intestino interfieren en la absorción del fármaco en la sangre. La modificación de la dieta puede resolver el problema.

Los preparados de liberación retardada, de reciente aparición, son de utilidad en algunos pacientes. Tomando una sola dosis por la noche pueden reducirse las molestas dificultades para darse la vuelta en la cama o para levantarse para ir al baño. Controlan los calambres distónicos en las piernas y los pies y aportan una mayor movilidad al andar, antes de tomar la primera dosis del día de levodopa.

Este preparado de liberación retardada se toma por la noche, en una dosis, y de día se mantiene la ingestión de Madopar o Sinemet retard.

También es posible administrar, a intervalos regulares durante el día, el preparado de liberación retardada, en lugar de los habituales; los niveles del fármaco en la sangre y el cerebro tienden a ser menores y se alcanzan más lentamente.

La dosis debe ser aproximadamente un 50 % superior que la de levodopa tradicional. Con ello se consigue una respuesta más tranquila y equilibrada de los síntomas y una reducción de los períodos de inmovilidad de la fase off. Sin embargo, muchos pacientes no acaban nunca de sentirse totalmente activos o en período on y prefieren el Sinemet o el Madopar habituales, de efectos más cortos.

FENÓMENO ON-OFF

Con posterioridad pueden aparecer oscilaciones on-off. El período on se da en el momento de máximo efecto del medicamento; el paciente disfruta de movilidad e independencia, aunque a menudo experimenta una discinesia tardía. En el período off se sufren bloqueos repentinos, los pies se quedan pegados al suelo y hay inmovilidad, en ocasiones con una sensación de miedo o pánico. Los pacientes pueden pasar sin previo aviso de on a off y viceversa, «como si se encendiera y apagara un interruptor». Se trata de algo desconcertante, y de forma errónea puede creerse que la causa es nerviosa o psicológica. Si se toman dosis menores y más frecuentes de los medicamentos puede aliviarse este trastorno.

Poco antes de la hora de la siguiente dosis, o por la noche, puede sentirse una especie de calambre doloroso en el tobillo y en los dedos de los pies. Este fenómeno recibe el nombre de distonía provocada por los fármacos.

Descubrirá que estos ajustes de la medicación requieren

FÁRMACOS DE LIBERACIÓN RETARDADA
Los preparados de liberación retardada pueden ayudar a eliminar los dolorosos calambres distónicos de algunos pacientes.

Respuesta del Parkinson a la medicación

En esta tabla se indica la respuesta habitual de la enfermedad de Parkinson y de otros tipos de parkinsonismo sintomático a la levodopa y los anticolinérgicos.

Trastorno	Levodopa	Anticolinérgicos
Enfermedad de Parkinson	●●●	●●
Parkinsonismo provocado por fármacos	●●	●●
Atrofias multisistémicas, incluida la parálisis supranuclear progresiva	+/-	+/-
Otros parkinsonismos	+/-	+/-

Clave: ●●● Normalmente muy buena   ●● Moderada   +/-Variable

paciencia y preparación tanto por parte del enfermo como del médico. El ingreso de estos pacientes en el hospital permite ofrecerles asistencia especializada, realizar revisiones frecuentes y evaluar los síntomas, los efectos secundarios y las dosis, con el fin de establecer el tratamiento adecuado. Puede tardarse una o dos semanas en conseguirlo.

Agonistas dopaminérgicos

Lo habitual es introducir estos medicamentos en una etapa temprana, antes que la levodopa, porque causan menos discinesia que ésta y se cree que pueden retrasar la aparición de discinesias y oscilaciones provocadas por ella. También existe la alternativa de introducir agonistas dopaminérgicos cuando se presentan discinesia, trastornos mentales u oscilaciones on-off. En esos casos es conveniente añadir un agonista dopaminérgico que estimule la actividad de los receptores de dopamina.

La pergolida, la bromocriptina y la lisurida son agonistas dopaminérgicos similares. El ropinirol tiene un efecto parecido y una potencia similar a la de la levodopa. Cuando se combina con ésta reduce el tiempo de deterioro de fin de dosis y permite rebajar la ingestión de esa sustancia.

Los agonistas dopaminérgicos empiezan a administrarse en pequeñas dosis que se van aumentando poco a poco, normalmente cada semana, hasta que se observa mejoría sin excesivos efectos secundarios. Pueden pasar dos o tres meses hasta que se encuentre la mejor dosis estable. Si se combinan con Sinemet o Madopar, cuando se observa la mejoría puede reducirse la dosis de levodopa aproximadamente un 25 %. Los pacientes con trastornos vasculares, renales o hepáticos graves, así como las mujeres embarazadas o que estén dando el pecho, no deberían tomar esta medicación.

Efectos secundarios

Los agonistas dopaminérgicos son medicamentos potentes que reducen todos los síntomas de la enfermedad de Parkinson, pero sus efectos secundarios pueden ser desalentadores. En algunos pacientes provocan complicaciones psiquiátricas más graves, consistentes en confusión, alucinaciones y comportamiento agresivo. Por lo general éstas pueden eliminarse reduciendo la dosis, aunque a menudo es necesario dejar de tomar el fármaco. Las complicaciones psiquiátricas son más probables en los mayores de 70 años y en quienes hayan sufrido anteriormente episodios de confusión o demencia. Los agonistas dopaminérgicos también

Agonistas dopaminérgicos

Éstos son los agonistas dopaminérgicos más utilizados, junto con sus nombres comerciales y dosis habituales. Su efecto consiste en estimular la actividad de los receptores de dopamina.

FÁRMACO	NOMBRE COMERCIAL	PRESENTACIÓN	DOSIS DIARIA
Bromocriptina	Parlodel	Comprimidos de 2,5 mg	1-2 mg
Lisurida	Dopergin	Comprimidos de 0,2 mg	0,6-2 mg
Pergolida	Pharken	0,05/0,25/1 mg	3 mg
Apomorfina	Uso hospitalario	Intramuscular	0,1 mg/kg
Ropinirol	Requip	0,25/0,5/1/2/5 mg	3-9 mg
Cabergolina	Cabaser	1, 2, 4 mg	2-6 mg

* Nota: 1.000 microgramos (µg) = 1 miligramo (mg)

pueden agravar las úlceras gástricas y los trastornos vasculares de las piernas. En general no deberían administrarse a pacientes ancianos y siempre debería supervisarlos un especialista.

APOMORFINA

Se trata de un medicamento ya conocido para el que se ha encontrado un nuevo uso. También es un agonista dopaminérgico, pero tiene que administrarse mediante una inyección subcutánea (por debajo de la piel) en la parte inferior del abdomen o en el exterior del muslo; muchos pacientes o familiares pueden aprender a hacerlo. Provoca vómitos a no ser que antes de cada dosis se administre domperidona, un fuerte antiemético que se toma por vía oral.

Existen muchos grupos de medicamentos nuevos en estudio: el entacopone funciona inhibiendo una enzima que degrada parte de la levodopa (llamada COMT o catecol-o-metiltransferasa), con lo que se prolonga su acción. El tolcapone ha sido retirado del mercado porque en algunos casos provoca efectos secundarios graves. La lazabemida (RO19-6327) es un inhibidor de la monoaminoxidasa B de corta acción y selectivo, parecido a la selegilina. Tras cuatro semanas de tratamiento con lazabemida se ha observado una mejora significativa de las actividades diarias, y los efectos secundarios parecen ser mínimos.

SELEGILINA (PLURIMEN)

Se trata de un medicamento antiparkinsoniano débil que, sin embargo, refuerza ligeramente los efectos de los preparados de levodopa y puede reducir las oscilaciones on-off y la inmovilidad del período off. Lo mejor es administrarla al principio de la enfermedad, ya que controla la mayor parte de los síntomas durante uno o dos años.

Por desgracia, los informes iniciales que indicaban que la selegilina tenía un efecto protector y retrasaba la enfermedad han resultado erróneos. Una sola dosis de 10 miligramos cada mañana se tolera bien, y los efectos secundarios no son habituales. Un grupo de investigadores británicos ha descubierto un ligero aumento de la tasa de mortalidad y una tendencia a desmayarse (síncopes) en algunos pacientes tratados con este fármaco, si bien la mayoría de estudios publicados no muestra esos efectos. No se ha encontrado el motivo y, dado que no se ha establecido todavía una relación de causa-efecto, la mayoría de los médicos sigue administrándolo en la dosis habitual.

Vacaciones de medicación

En casos resistentes con oscilaciones on-off aleatorias y control deficiente de los síntomas parkinsonianos, se han probado las llamadas vacaciones de medicación. El objetivo es intentar, mediante la retirada de la medicación, que los receptores de dopamina agotados con la levodopa y otros fármacos descansen o se restituyan, así como eliminar del cerebro los posibles derivados tóxicos de esos medicamentos.

No obstante, se trata de especulaciones sin demostrar que sólo benefician a los pacientes que están tomando una dosis excesiva.

A continuación es necesaria una restabilización en el hospital, con tablas horarias que recojan signos parkinsonianos, grado de discapacidad, funcionamiento mental y efectos secundarios. Esas observaciones suelen servir para descubrir el problema, y permiten eliminar los medicamentos que no son esenciales o tienen efectos leves, así como los recetados para otras dolencias que se consideran innecesarios.

La dosis de levodopa se reduce entre el 50 y el 75 % y, una vez desaparecidos los efectos secundarios, se reintro-

Otros medicamentos

Las dosis habituales de otros dos fármacos de uso común se muestran en esta tabla.

FÁRMACO	NOMBRE COMERCIAL	PRESENTACIÓN	DOSIS DIARIA
Amantadina	Uso hospitalario	Comprimidos de 100 mg	200 mg
Selegilina	Plurimen	Comprimidos de 5 mg	10 mg

duce la medicación de manera gradual hasta que se encuentra la dosis eficaz mínima. La simplificación es la clave de un tratamiento eficaz.

En los casos difíciles, a veces es útil una dosis de prueba de apomorfina o levodopa. Para ello se administra una sola dosis alta tras un período de 24 horas sin medicación y se observan los efectos, que son una buena indicación de si los receptores de dopamina siguen respondiendo o no. Si la respuesta es negativa, está claro que no tiene sentido seguir administrando dopaminérgicos. La prueba aporta información importante para predecir las futuras respuestas al tratamiento. Una única dosis de 250 mg de Madopar o una inyección de entre dos y 10 mg de apomorfina demuestra la respuesta dopaminérgica si se da una mejoría de al menos un 20 % según una de las escalas analizadas anteriormente.

ADVERTENCIAS

Algunos medicamentos no deben prescribirse a pacientes con la enfermedad de Parkinson. Ya se han mencionado las fenotiazinas y los antipsicóticos (neurolépticos) más habituales. Esos medicamentos pueden recetarse también contra las náuseas o los ataques de vértigo, pero casi nunca son recomendables para enfermos de Parkinson. Los inhibidores de la monoaminoxidasa no son adecuados, pero los antidepresivos tricíclicos, sí. Los pacientes con ciertos tipos de glaucoma o melanoma cutáneo no deberían tomar levodopa.

La vitamina B_6 (piridoxina), presente en cápsulas y complejos polivitamínicos y utilizada contra el síndrome premenstrual, bloquea la acción de la levodopa, aunque no existe interacción si se toma con Sinemet o Madopar. En caso de duda, siempre hay que consultar al médico.

Terapia génica

La terapia génica abre nuevas posibilidades al tratamiento de enfermedades del sistema nervioso central. La introducción de genes activos en el cerebro de pacientes de Parkinson puede ser útil como medio de sustitución de un gen defectuoso. El objetivo es introducir una proteína que puede proteger contra el deterioro celular o restablecer el funcionamiento de una célula dañada, o también permitir el funcionamiento fisiológico de un neurotransmisor deficiente. Los objetivos de las técnicas de terapia génica son mucho más amplios que la clásica sustitución de la dopamina y se centran en el uso de factores que fomentan el crecimiento de la célula (neurotróficos), ya sea estimulando su funcionamiento o evitando su muerte.

PUNTOS CLAVE

- La medicación invierte los síntomas del Parkinson sustituyendo los mediadores químicos esenciales necesarios para la transmisión normal de impulsos nerviosos y el control del movimiento.
- Los medicamentos administrados dependen de la fase de la enfermedad y necesitan ajustes periódicos.
- Las combinaciones de levodopa con carbidopa (Sinemet) o con benserazida (Madopar) son las más eficaces.
- Los efectos no deseados pueden reducirse o eliminarse modificando las dosis de medicamentos.
- Los preparados de liberación retardada, aparecidos recientemente, son útiles en los pacientes que sufren problemas provocados por el deterioro de fin de dosis.
- Los agonistas dopaminérgicos no deben administrarse a pacientes ancianos y siempre debe supervisarlos un especialista.

Tratamiento quirúrgico

Las intervenciones quirúrgicas consisten en destruir pequeñas porciones del cerebro (cirugía estereotáxica) o implantar tejido productor de dopamina.

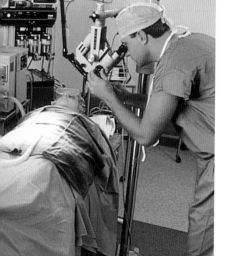

TRATAMIENTO QUIRÚRGICO
Se investigan nuevos tratamientos quirúrgicos para enfermos de Parkinson, aunque en la actualidad se realizan pocas operaciones.

LA CIRUGÍA ESTEREOTÁXICA

El tratamiento quirúrgico rara vez es recomendable. Hace 30 años estaba en boga causar diminutas lesiones destructivas en los ganglios basales mediante un aparato estereotáxico de precisión. El sistema era bastante eficaz para controlar el temblor y la rigidez del lado opuesto a la lesión. La cirugía estereotáxica no sirve para corregir la expresión facial, la debilidad de la voz, la bradicinesia, la inclinación de la postura o la tendencia a caerse.

Este tipo de cirugía sigue utilizándose, especialmente en Japón, en casos de temblor y rigidez de un lado del cuerpo en la primera fase de la enfermedad y siempre que el paciente no responda a otros tratamientos. Sin embargo, en la mayoría de centros especializados de otros países casi nunca se practica, ya que los preparados de levodopa, a pesar de sus limitaciones, han demostrado, por lo general, una gran eficacia. En cualquier caso, la decisión de operar debe tomarla un neu-rólogo. Se investigan nuevas técnicas, pero pasará un tiem-po antes de que puedan evaluarse a fondo sus ventajas y riesgos. La talamotomía estereotáxica ha conseguido éxitos en la reducción de la rigidez y el temblor en casos en los que otros tratamientos habían fracasado.

IMPLANTES DE SUSTANCIA NEGRA

En 1981 se realizaron en Suecia los primeros intentos de implantar médula suprarrenal autóloga en el estriado (nú-cleo caudado), una parte de los ganglios basales implicada en la transmisión de dopamina. La médula suprarrenal es rica en aminas, incluida la dopamina, por lo que se espera-ba que sirviera de fuente adicional de dopamina natural. Los resultados obtenidos en los primeros pacientes fueron desalentadores, y pronto se malograron las expectativas. Ese trabajo demostró, no obstante, que era posible un tra-tamiento quirúrgico, que el tejido suprarrenal aceptaba su nuevo suministro de sangre y que, hasta cierto punto, for-maba nuevas conexiones nerviosas en la zona receptora.

Se dio más publicidad a la ampliación de ese trabajo con enfermos más jóvenes realizada en México. Sin embargo, no se trataba de un estudio controlado y la exagerada pu-blicidad de la prensa del país provocó bastante escepticis-mo entre los neurocientíficos de todo el mundo. Los infor-mes aislados de prácticas similares realizadas en Estados Unidos han confirmado la sensatez de aquella recepción precavida. Las posteriores operaciones de implante de la médula suprarrenal han ofrecido pobres resultados. Los implantes medulares suprarrenales sobreviven mal tras el implante, pero son capaces de provocar el brote de fibras nerviosas en el núcleo caudado del receptor. Estas técnicas se han abandonado.

IMPLANTE DE CÉLULAS FETALES HUMANAS

Se han probado otros métodos, de entre los que cabe destacar el implante de células fetales humanas de sustancia negra. En esa zona es donde se concentra la pérdida de reservas de dopamina en enfermos de Parkinson, por lo que tiene sentido sustituirla con el mismo tejido.

OTROS PROBLEMAS

Las operaciones siguen siendo escasas, en gran parte porque requieren cirugía mayor en centros especializados y experimentados; la obtención y utilización de tejido de fetos donados plantea problemas éticos, y todavía se desconocen las ventajas a largo plazo. La cantidad de pacientes que pueden beneficiarse de las técnicas actuales es reducida.

Un control científico estricto que compare casos operados y no operados del mismo sexo y edad y gravedad similares es imprescindible para refrendar la validez de la operación en determinados tipos o etapas de la enfermedad o, por el contrario, para afirmar que carece de ventajas para ningún enfermo. Sin embargo, es esperanzadora la resistencia de implantes de células fetales de sustancia negra en el cerebro que pueden aportar un nuevo suministro nervioso a las neuronas dañadas de los ganglios basales.

Estas técnicas no cesan en su avance, pero tienen que considerarse con un optimismo precavido, pues no se ha demostrado que los implantes frenen el desarrollo de la enfermedad de Parkinson. No se sabe si las posibles ventajas son duraderas ni si los agentes que provocan la enfermedad en un principio destruirán también el implante. Recuerde que el Parkinson refleja no sólo un trastorno de la dopamina, sino también de otros neurotransmisores que los implantes quizá no puedan sustituir aunque funcionen.

Estas técnicas son prometedoras, pero no sabemos si se harán un lugar en el tratamiento. Mientras tanto, ningún paciente debería sentirse privado de un implante hasta que se hayan realizado muchas más investigaciones.

PUNTOS CLAVE

- La cirugía estereotáxica puede ser beneficiosa en algunos casos de temblores y rigidez de un lado del cuerpo incontrolables mediante medicación.
- Los intentos de implantar células fetales humanas ricas en dopamina en el cerebro de pacientes de Parkinson tienen que repetirse en condiciones de estricto control antes de que pueda valorarse su validez.

Vivir con Parkinson

La medicación es la medida más importante para invertir los síntomas y la discapacidad provocados por el Parkinson, pero el tratamiento del paciente va más allá de la simple administración de fármacos.

Muchos de los problemas que sufren los pacientes no los provoca la enfermedad de Parkinson en sí, sino otros trastornos secundarios que aquejan a muchas personas y que pueden requerir atención médica específica. Algunos pacientes son diabéticos, otros tienen hipertensión o asma, algunos sufren enfermedades cardíacas o bronquitis, y muchos, artritis. Por consiguiente, es esencial una atención global por parte del médico, sea el de cabecera o un especialista.

ATENCIÓN DEL ESPECIALISTA
El médico de cabecera se interesará por su estado de salud general, pues es posible que tenga otras afecciones que requieran tratamiento.

▪ DETERMINACIÓN DE LOS PROBLEMAS ▪

Algunos problemas son habituales en los afectados de Parkinson y el primer paso, antes de perfilar medios que ayuden a corregirlos, es conocer cuáles son. A continuación se indican algunos problemas de movimiento habituales que puede experimentar el enfermo, aunque hay muchos más:

- Lentitud al andar.
- Andar con pasos cortos y arrastrando los pies.
- Detenerse o dudar al pasar por una puerta.
- Bloqueo de los pies en el suelo.
- Problemas para darse la vuelta en un espacio estrecho sin caerse.
- Falta de balanceo de los brazos al andar.
- Problemas para levantarse de la silla.
- Dificultad para estar derecho sin inclinarse hacia adelante.
- Dificultad para darse la vuelta en la cama.
- Problemas para sentarse y levantarse del inodoro.
- Problemas para realizar actividades precisas con las manos, vestirse y desnudarse.
- Caligrafía pequeña, temblorosa y con garabatos.
- Dificultad para utilizar destornilladores.
- Problemas para coser botones o hacer punto.

PROBLEMAS DE MOVILIDAD
Algunos movimientos simples, como levantarse de la silla, pueden resultar cada vez más difíciles a los afectados de Parkinson.

FISIOTERAPIA

La fisioterapia tiene ventajas concretas para problemas concretos; también tiene un efecto general beneficioso, ya que aumenta el optimismo y convence al paciente de que se está haciendo algo y de que él está participando en el tratamiento. La motivación, la personalidad y la actitud, tanto del paciente como del terapeuta, tienen una gran influencia en los resultados obtenidos. Es mejor erradicar las malas costumbres cuanto antes. En casos avanzados, la motivación puede ser escasa, la memoria y la concentración, deficientes y una buena cooperación, imposible.

El primer paso es la evaluación, que supone determinar:
- El grado de incapacidad física.

- La capacidad de aprendizaje y el estado mental.
- Las circunstancias del hogar.
- La disponibilidad de amigos y familiares capaces de seguir poniendo en práctica las instrucciones.

Ejercicios

La actividad física es importante, ya que ejercita las articulaciones y los músculos, reduce la rigidez y mejora la postura. Los objetivos son:

- Corregir la forma de andar anormal.
- Corregir la mala postura.
- Prevenir o reducir al mínimo la rigidez y las contracturas de las articulaciones.
- Mejorar el funcionamiento de las extremidades.
- Establecer una rutina que el paciente pueda practicar en casa.

El ejercicio habitual es beneficioso siempre que se tenga la movilidad suficiente. Ayuda a mantener el tono y la fuerza musculares y a prevenir las contracturas y la rigidez. Andar es uno de los ejercicios más beneficiosos. Hay que hacer un esfuerzo consciente para mantener la espalda recta, echar los hombros hacia atrás, levantar la cabeza y dar pasos lentos y largos. Incluso los pacientes más graves pueden andar por lo general 300 o 400 metros y quizá repetir la actividad una o dos veces al día. Claro está, evite superficies resbaladizas, nieve, hielo y hojas mojadas.

El fisioterapeuta se concentrará en enseñarle a sentarse derecho, por lo general en una silla alta y con el respaldo recto, ayudándose de un almohadón colocado en la espalda. Le mostrará cómo tiene que apretar el talón al andar y cómo ponerse de pie mejor, haciendo fuerza con los talones debajo de la parte anterior de la silla y llevando el peso hacia adelante al levantarse. Si se coloca delante de un espejo de cuerpo entero lo verá con más claridad y podrá corregir cualquier inclinación de hombros, del cuello o del tronco.

SEA CONSTANTE

Repita y practique en casa de forma constante, en especial cuando ya no tenga al terapeuta obligándole; recuerde que el que tiene que hacer el esfuerzo es usted. Los ejercicios pueden resultar más fáciles y más rítmicos si se hacen con música. Las sesiones de terapia en un centro de día y los ejercicios de grupo pueden servir de estímulo. También pueden buscarse programas de vacaciones terapéuticas, que incluyen actividades enérgicas.

▪ TERAPIA OCUPACIONAL ▪

Existe una amplia gama de aparatos caseros, muchas de las cuales deberían estar disponibles a través de la sanidad pública, aunque es posible que haya que adquirirlos por cuenta propia. Una visita a domicilio de un terapeuta ocupacional es de gran utilidad. Por lo general, preparará un informe para el especialista en el que señalará los problemas concretos y los utensilios: pasamanos, asientos elevados y otros elementos necesarios. Los mangos grandes para los cubiertos, las superficies antideslizantes en la cocina, los cierres de palanca en los grifos, las superficies de trabajo elevadas en la cocina y en el lavadero y los cierres de Velcro para las prendas de vestir y los zapatos son ejemplos de cosas que pueden simplificar las actividades diarias y dar independencia.

EJERCICIO INTENSO
Si siguen una práctica regular, algunos pacientes se sienten capaces de realizar ejercicios bastante intensos.

APARATOS ESPECIALES

A medida que progresa la enfermedad, algunos pacientes necesitan utensilios que les faciliten las actividades. Los bastones mejoran la estabilidad y no provocan problemas sociales. Un trípode que se sostiene con una mano realiza la misma función con una base mayor. Los andadores (estructura Zimmer) sólo son recomendables como medida temporal para moverse tras una lesión o una operación, ya que rompen el ritmo natural. Sí son de utilidad, en cambio, cuando tienen ruedas. Las estructuras delta con dos «patas» y una rueda frontal o los rotadores con dos patas y dos ruedas son útiles. Los frenos dan mayor sensación de seguridad.

Los ejercicios tienen como objetivo mejorar el equilibrio, alargar los pasos y quizá aliviar el dolor de un hombro bloqueado, que es una complicación habitual.

Puede mejorarse la destreza manual practicando con bloques, puzzles y determinados juegos. Los pasamanos, instalados junto a la cama, el inodoro y la bañera, son aconsejables. Los botones y las cremalleras pueden sustituirse por cierres de Velcro. El calzado informal o deportivo es más cómodo que los zapatos de cordones.

Con los cubiertos de mangos grandes, los platos adhesivos y las hueveras se evita derramar la comida. El fisioterapeuta o el terapeuta ocupacional pueden recomendarle los más adecuados. En las asociaciones de afectados por el Parkinson también recibirá consejos.

Una buena comunicación entre los fisioterapeutas, los terapeutas ocupacionales, los asistentes sociales y demás personal del centro hospitalario supone una ventaja enorme.

AUMENTAR LA AUTONOMÍA
Aparatos como el que aquí se ve ayudan a incrementar la autonomía del enfermo de Parkinson.

LOGOPEDIA

Muchos pacientes sienten vergüenza y frustración por su forma de hablar. Quizá el enfermo hable en voz baja, no pueda gritar y sus amigos le pidan siempre que repita lo que ha dicho o que hable más alto. Quizá hable de forma confusa y sin articular bien, sin variaciones de tono o de volumen de voz. El logopeda examinará su forma de respirar y de mover los labios, la lengua y la mandíbula al hablar, cosas que hacemos de forma inconsciente o automática.

En la enfermedad de Parkinson, la laringe no funciona correctamente y produce un tono invariable, con carencia de control del volumen y de énfasis en determinados sonidos. La voz del paciente puede ser ronca, débil y monocorde. La logopedia puede servirse de grabaciones para hacer escuchar al paciente su propia voz tras un intervalo de tiempo adecuado; de ese modo pueden modificarse y mejorarse la producción de la voz y el habla. Este y otros sistemas pueden contribuir, de forma modesta, a reeducar la voz y el habla, aunque no hay que esperar mejorías espectaculares.

MEJORAR EL HABLA
La logopedia contribuye a solucionar los problemas aparecidos en la voz y el habla, si bien la mejoría es limitada.

APARATOS QUE AYUDAN

Entre los aparatos de asistencia a la comunicación destacan el Edu-Com Scanning, que sirve para señalar una palabra o imagen que indique lo que se quiere decir, y el Microwriter, que se conecta a un televisor, impresora o sintetizador de voz y sirve a pacientes con los que no funcione la reeducación. La utilización de un ordenador personal le ayudará a escribir cartas o realizar actividades profesionales

Ayuda para escribir
Para los pacientes a los que les
cuesta escribir, un pequeño
ordenador personal puede
convertirse en un aliado
inestimable.

desde casa. Los programas informáticos modernos son bastante fáciles de aprender aunque no se tenga experiencia. También existe una amplia gama de juegos recreativos y material educativo o de entretenimiento.

DIETA

Los afectados por la enfermedad de Parkinson no tienen que seguir un régimen especial, pero sí deben llevar una dieta equilibrada y agradable, como todo el mundo, que incluya alimentos frescos (carne, pescado, fruta y verdura). A veces la dosis de Madopar o Sinemet no hace efecto, especialmente si es la de después de comer, ya que las proteínas del estómago y el intestino provocadas por la digestión pueden interferir en la absorción del fármaco. El especialista puede aconsejarle que limite las proteínas en el almuerzo, es decir, poca cantidad de carne, pescado, pollo, huevos o queso, pero que incluya esos alimentos por la noche, ya que después de cenar ya no es necesario estar tan activo.

OBSERVACIONES GENERALES

El médico de cabecera le ayudará, apoyará y aconsejará a lo largo del tratamiento farmacológico y físico, y también puede asesorarle sobre cualquier posible efecto secundario. Los neurólogos de los hospitales, que son quienes deberían llevar a la mayoría de pacientes siempre que lo permitan los medios humanos y físicos, pueden ofrecer un consejo especializado. Los servicios de asistencia social y las unidades hospitalarias también ofrecen la ayuda de fisioterapeutas, terapeutas ocupacionales y asistentes sociales cuando existe la necesidad, pero actualmente la disponibilidad y la calidad del apoyo varían bastante.

Para los pacientes de Parkinson la clave es permanecer activo durante toda la enfermedad. Haga todo lo que pueda, pero sin excederse para no acabar agotado. Tres paseos de 400 metros cada uno son como mínimo igual de saludables que uno de 1.200. También tendrá que hacer algunos ajustes en su modo de vida, pero suelen ser evidentes y los cambios son graduales, así que puede tomarse su tiempo. Tendrá que dedicar algunos minutos más a vestirse o ir a trabajar, o también a preparar vacaciones o viajes y a hacer las maletas. Tardará más en lavar los platos o clavar un clavo, pero no deje que eso le irrite: con algunos preparativos y algo más de tiempo verá que nada es imposible.

No se obsesione con los remedios milagrosos que vea anunciados ni con los comentarios que escuche. Puede tirarse mucho dinero en tratamientos inútiles, comida dietética, acupuntura, osteopatía, etcétera. La opinión médica no tiene objeciones arraigadas contra esas terapias, pero no las utiliza si no se ha probado científicamente su utilidad.

CONCLUSIONES

Aunque durante los últimos años se han hecho considerables progresos, la enfermedad de Parkinson sigue siendo en gran medida un enigma. Sabemos que se produce una degeneración de ciertas zonas del cerebro, pequeñas pero vitales, pero no se trata de un trastorno provocado por el envejecimiento en sí. Los efectos de la enfermedad son complejos, pero el más importante es la carencia de un neurotransmisor químico esencial, la dopamina. El tratamiento médico moderno puede sustituir este neurotransmisor, con lo que se consigue llevar una vida plena y activa durante muchos años.

Las asociaciones de afectados por la enfermedad de Parkinson y otras organizaciones aportan fondos a la investigación médica y social a gran escala. En consecuencia, apenas pasa un año sin que se descubra algo más sobre la enfermedad, lo que repercute en la vida diaria de todos y cada uno de los pacientes de Parkinson.

Todos los descubrimientos deben pasar por un detallado escrutinio científico antes de ser considerados válidos. Hay abiertas muchas vías de investigación.

Aunque estamos ante una enfermedad que avanza con lentitud en la mayoría de casos, conviene recordar que casi todos los pacientes tienen una esperanza de vida normal, con muchos años de actividad y disfrute por delante. Los afectados por la enfermedad de Parkinson pueden enfrentarse al futuro con un optimismo calibrado.

PUNTOS CLAVE

- Con la ayuda de un fisioterapeuta puede prepararse un programa de ejercicios.
- Existen muchos utensilios que aumentan la independencia en el hogar.
- La logopedia contribuye a aliviar los problemas del habla.
- Los pacientes deben seguir una dieta sana y equilibrada, pero no son necesarios regímenes especiales.

Preguntas y respuestas

¿Qué provoca la enfermedad de Parkinson?

No se conoce la causa. Se han investigado factores ambientales como la comida adulterada, el agua y el aire, así como la exposición a sustancias tóxicas en el trabajo, pero no se ha hallado una respuesta. Aunque existe un factor hereditario débil, se sabe que no es la causa, si bien puede hacer que algunas personas sean más susceptibles a sustancias no identificadas a las que podemos estar expuestos.

He estado expuesto a mucho estrés ¿Puede ser ésa la causa?

No. El estrés y la tensión pueden provocar un empeoramiento temporal de los síntomas, pero no provocan la enfermedad. La depresión es un problema habitual de los enfermos de Parkinson que puede provocar una reducción del funcionamiento, la energía y la capacidad de sobrellevar las situaciones. Suele mejorarse mucho con medicación antidepresiva.

¿Van a heredarlo mis hijos o mis nietos?

Aunque se da una incidencia algo más alta en los familiares cercanos, quizá de uno de cada 20 casos, la enfermedad de Parkinson no es hereditaria.

He oído que el Plurimen (selegilina) ralentiza el avance de la enfermedad. ¿Debo tomarlo?

Las pruebas realizadas en Estados Unidos han demostrado que la selegilina no afecta al avance de la enfermedad en el cerebro ni altera la velocidad de progresión. Es de utilidad, no obstante, en la primera fase de la enfermedad; actúa aliviando los primeros síntomas, con lo que se retrasa el momento en el que es necesario empezar a tomar levodopa.
Los efectos secundarios son poco frecuentes y leves.

¿Tiene alguna ventaja retrasar la toma de levodopa?

Dado que los resultados positivos de la levodopa tienden a desaparecer pasados entre 5 y 10 años, suele considerarse razonable no empezar a tomarla demasiado pronto, es decir, antes de que los síntomas sean algo más que molestias y empiecen a interferir en el trabajo y el ocio. Llegado ese momento, no tiene ninguna ventaja retrasarlos, y sus resultados, que suelen ser evidentes, mejoran la calidad de vida.

¿Qué resultados tendrá la levodopa? ¿Tendrá efectos secundarios?

Pasado más o menos un mes, la bradicinesia, las dificultades al andar y la postura empiezan a mejorar. El temblor no siempre desaparece, pero puede quedar reducido. Las ventajas siguen aumentando si poco a poco van ajustándose las dosis y su frecuencia. Unos pocos pacientes sufren náuseas o mareos durante las primeras semanas, pero podrán superarlos si se toman las pastillas con el estómago lleno y se empieza con dosis pequeñas para ir aumentándolas luego lentamente. Más avanzada la enfermedad pueden aparecer movimientos anormales, oscilaciones de los efectos (antes y después de cada dosis) o problemas mentales, pero un ajuste de los medicamentos y de las dosis suele mejorar o eliminar esos síntomas.

He tomado Madopar (levodopa + benserazida) durante dos años. ¿Por qué ahora padezco movimientos espasmódicos?

Se trata probablemente de discinesias o distonías provocadas por un ligero exceso del medicamento en los receptores sensibles del cerebro. Suelen padecerse pasada media hora o una hora de la dosis y durar unos minutos. El médico puede aconsejar una ligera reducción de la dosis y tomarla a intervalos menores. Los preparados de liberación retardada funcionan en algunos pacientes.

¿Por qué tardan tanto tiempo en actuar las pastillas y por qué duran tan poco los efectos?

Pasados unos años el cuerpo deja de absorber o distribuir la levodopa con la misma eficacia y los receptores de la dopamina no responden igual de bien que al principio del tratamiento. Si el médico cambia la dosis y la frecuencia de la medicación suele superarse el problema.

Ya no puedo concentrarme o recordar las cosas como antes. ¿Es por culpa del Parkinson?

La memoria y la concentración suelen decaer con el envejecimiento normal, se tenga o no Parkinson. Si está deprimido, eso puede afectar también a la concentración y la memoria. Suele mejorarse con una simplificación del tratamiento farmacológico o con la adición de algún otro medicamento. Sólo un pequeño porcentaje de enfermos de Parkinson sufre demencia.

¿Tengo posibilidades de beneficiarme de un implante?

Actualmente se cree que los implantes de médula suprarrenal son en su mayor parte ineficaces. Los implantes de células fetales están, de momento, en fase experimental. Se ha demostrado que son fiables, pero aún se desconoce su utilidad. De momento, ningún paciente debería verse privado de un implante hasta que tengamos más información.

Índice

Agradecimientos

Los editores quieren dar las gracias a las siguientes organizaciones por su colaboración en esta obra: St John's Ambulance, St Andrew's Ambulance Organisation, Cruz Roja Británica.

Ilustraciones: (p. 61) © Philip Wilson.

CRÉDITOS FOTOGRÁFICOS

Los editores agradecen a las siguientes personas y entidades el permiso para reproducir sus fotografías. Se ha hecho lo posible por localizar a todos los titulares de los derechos de autor. Dorling Kindersley y Ediciones B piden disculpas si se ha producido alguna omisión involuntaria y no tendrán inconveniente en agregar los agradecimientos en el futuro.

Sally & Richard Greenhill Photo Library p. 34 y p. 69; **Robert Harding** p. 7, p. 72 (Patrick Ramsey); **Science Photo Library** p. 18 (Gary Watson), p. 26 (Tirot/BSIP), p. 62 (Stevie Grand), p. 71 (Hattie Young).